Le bréviaire de Nicolas Flamel

D'après un manuscrit

Copyright © 2022 by Culturea
Édition : Culturea 34980 (Hérault)
Impression : BOD - In de Tarpen 42, Norderstedt (Allemagne)
ISBN : 9782385081461
Dépôt légal : août 2022
Tous droits réservés pour tous pays

Au nom de Dieu tout soit Amen
Ce premier pas dans la Science en la crainte de Dieu

AVANT-PROPOS

Je Nicolas Flamel de Paris cette année de 1414 du règne de notre prince béni Charles VI lequel Dieu veuille bénir et après la mort de ma fidèle compagne Perrenelle, il me prend fantaisie et liesse en me rappelant d'elle, d'écrire en grâce de toi, cher neveu, toute la maîtrise du Secret de la Poudre de projection ou teinture Philosophale que Dieu a pris vouloir de me départir comme à son chétif serviteur; qu'ai repéré comme repèreras en œuvrant comme te dirai. Suis donc de droit engin et entendement les Sermons des Philosophes écrivant du Secret, mais ne prends leurs dires comme disent, car ne te seraient profit, ainsi que veulent être entendus selon nature. C'est pourquoi n'oublie mie de prier Dieu, que te baille entendement de raison, de vérité et de nature, que verras en, icelui livre, où est écrit le secret de mot à mot et feuillet par feuillet, et ainsi comme j'ai fait et œuvré avec ta chère tante Perrenelle que je regrette moult grandement. Adonc ai mis la maîtrise en icelui livre afin que ne t'oublie mie du haut, bien que Dieu t'accorde et qu'il te seconde. C'est afin que te recorde en souvenance d'icelui de chanter et Psalmodier ses louanges et ne peut être plus idoine à placer un si beau fait si ce n'est parmi des chants très hauts; adonc ai écrit ce dit livre de ma propre main et que avais destiné à l'église Saint-Jacques étant de ladite Paroisse après que j'eus recouvré ledit livre du Juif Abraham, ne me prit pour vouloir de le vendre pour Argent et ai icelui gardé moult avec cure pour en lui écrire ledit secret d'Alchimie en lettres de ma fantaisie dont te baille la clé. Aie donc cure de le tenir secret et n'oublie mie d'avoir de moi souvenance, quand je serai dans le suaire ; en remémoire adonc que t'ai fait tel document c'est a savoir afin que te fisse grand maître en Alchimie Philosophale, car tel est mon plaisir, mon vouloir et fantaisie de te bailler ledit secret.

Adonc fera comme ai fait et fais encore maintenant, savoir que je suis avancé en âge décrépit, c'est à savoir tout en l'honneur de Dieu de l'Église au secours des pauvres nécessiteux, veuves et orphelins, comme ai à cette heure que j'ai fondé rentes et hôpitaux et orné vingt-deux maisons de Dieu en piété et fidélité loyale. Adonc écoute les documents et mets au fond de ton cœur, et ne te divertir du droit chemin de vérité. Adonc rends grâces à Dieu très bon qui t'a fait par moi impétrer telle maîtrise, et n'oublie que te baille par clair sermon de mot à mot tout ce que avons œuvré Perrenelle et moi, et que avons tant cherché par moult plus de vingt-trois ans en peine, sollicitude et labeur, et qu'avons finalement repéré maîtrise à maintes reprises comme t'avons montré, et que promis avons te bailler avant ma mort pour souvenance de nous deux, et quand seras proche de mourir fais mettre ce livre en Cendres : c'est afin que le monde n'en fasse dommage, de quoi toi et moi serions coupables pour ce que tout ordre mondain servit à rien et cuiderait tout mondain être maître et serait tout perdu. Ainsi donc qu'amour de toi ne me fasse dommage envers Dieu.

Adonc tiens secret telle maîtrise, prie et invoque le Saint Esprit illuminant nos intentions et notre esprit, qu'impétrons nos intentions et notre esprit par tel chemin l'engin d'œuvrer en la maîtrise d'alchimie par voie de Nature.

THÉORIE

e vais donc commencer ton document par sermon clair et plein, afin de pas brouiller ton entendement en avant de dire mot sur la pratique d'œuvrer, j'ai voulu te conduire par théorie à connaître ce qu'est alchimie c'est à savoir science muante corps métalliques en perfection d'or et d'argent produisant santé aux corps humains et muant vite pierres et cailloux en fine sincères et précieuses.

Adonc est icelle connaissance naturelle et n'a nulle pareille et par icelle est constituée un art qui n'a nul pareil a soi, c'est à savoir art Philosophal par quoi est fait un corps médicinal universel muant Saturne, Mars, Jupiter, Lune et Mercure en pur Or clair luisant net et coloré comme ainsi que le minéral, et encore icelui meilleur que tout autre or métallin, lequel a inclus en soi, vertu et force de guérir tous maux quelconques et de faire avancer tous végétaux avant son terme, et muer tous cailloux en diamants et rubis : tel art et maîtrise est donc faite par droit engin de Nature[1], et secret régime de feu approprié et industrie de l'opérant, et tout ce suivant raison naturelle d'entendement et petit à petit se finit pourvu que ne t'ennuie mie de cuire en patience non anxieuse, adonc pour l'ouvrage Philosophale impétrer qui est sur tout le cours de Nature, tu dois comme homme

---

[1] 2ᵉ de ♁ qui contient le feu secret lequel s'administre petit à petit

d'entendement avoir deux principales intentions[2]. La prime est entendement droit et l'intelligible des choses que te dirai, car avais bien avant d'œuvrer et impétrer le droit chemin comme homme d'entendement la raison de Nature en Mercure, Soleil et Lune, comme ai dit en mon livre où sont gravées les figures que verras ès arches des charniers de Paris. Ainsi ai resté court par moult plus de vingt-trois ans et demi à labourer sans pouvoir marier la Lune qu'est Mercure appelé Saturnie, avec vif argent et tirer d'icelui le fumier de l'Or[3] et l'Argent séminales, qu'est venin mortifère pour ce que ne connaissais mie l'agent du médium afin mercuriel afin de fortifier le Mercure, car ☿ sans icelui médium, Mercure est comme eau vulgaire, et que ne peut fuser Lune (Saturnie)[4] ni encore se faire eau aigre acuée ; ainsi fixe ce Mercure

---

[2] La première intention est de connaître la nature de l'agent, afin de connaître le médium qui doit les unir, afin d'aiguiser le Mercure vulgaire par un mercure philosophal purifié, qui contienne dans son ventre l'instrument qui aiguise, que Flamel appelle Sabre, c'est-à-dire qui aiguise le Mercure vulgaire en le purifiant, afin qu'il puisse par cette puissance dissoudre l'Or, qui est le médium.

[3] Sans le médium qui est l'Or, il n'est pas possible de joindre le Mercure philosophal avec l'autre mercure, ni ôter de ce dernier la noirceur qu'il contient, pour pouvoir être aiguisé par le ferment et le Mars.

[4] La première raison est de savoir faire l'agent appelé la Lune ou Saturnie qui est un Mercure philosophal, afin qu'il se joigne à l'autre pour l'aiguiser, afin qu'il acquière la puissance de réduire le Soleil ou la Lune en Mercure, et la seconde raison est de savoir quand on a ce Mercure philosophal, la manière des unir afin que le Mercure puisse dissoudre le médium.

à acuité et en après à force de labourer et d'œuvrer
et ce qu'enfin moult finalement vis dépeint au quatrième et cinquième feuillet du d'Abraham.

Sache donc[5] que la seconde intention est de ruminer comme se doit fortifier ce mercure par Agent
métallin (Saturnie) sans quoi ne se peut mie aller au
centre de l'Or et de la Lune, sans donc l'accuité, ce
que ne peut être ouvré fors par l'esprit soufreux de
l'Or et l'Argent.

Adonc métier est qu'après tout d'abord on doit
mêler iceux Soufre avec agent métallin, c'est à savoir
ℛ régale, et en après acuiter le Mercure par icelui

---

[5] Seconde intention.

(Saturnie) engin Philosophal, afin qu'en après icelui fuse en liqueur l'Or ou l'Argent, et tire le fumier giguatif de la pourriture d'iceux[6]: et sachez que n'est autre mode, ne maîtrise d'œuvrer en icelui art, fors celle que te baille de mot à mot, laquelle besogne n'est mie facile à faire, ains moult épineuse à repérer, si n'est enseignée comme te dis, car l'Or et l'Argent sont corps moult durs et ne peuvent mie s'ouvrir pleinement, fors par esprits mercuriaux acuités par voies et procédés philosophaux, et tout autre est fallace et induit à faillir et à tromperie comme ai œuvré à mon grand regret par longtemps, et sans icelui procédé mercure demeure froid, hydropique et terrien, et n'est mie satisfait en icelle stance d'approfondir les viscères des deux corps parfaits l'Or et l'Argent et si Mercure n'est pas tout premièrement échauffé de feu soufreux métallique, son eau douce hors de son corps et sa terre noire fécale rejetée.

Adonc Mercure est en cet état entrant au ventre d'iceux, et iceux dans le sien prennent vie astrale, croissance et végétation et sont lors vivants comme étaient dans les roches des minières, et par ainsi se fait mariage du soleil, Lune (Saturnie) et Mercure philosophaux non vulgaux et non autrement, mais comment mercure se peut-il ainsi acuer ?

---

[6] C'est à-dire de le laver pour ôter toute la noirceur et superfluité que tu y trouveras, afin que le Mercure et le Soufre s'unissent juste par ablution en 10 reprises.

Avise tout premièrement que nulle autre eau, hors le Mercure Saturnial[7] ne tire le Soufre du ventre des métaux, d'autant que fors lui au commencement, médium, et à la fin, nul ne peut ouvrer, ni rien faire que soit bon, car c'est la vertu attrayante faite active qui fait tout, et s'engrosse de Soufre, tout comme le Soufre vit d'icelui ; ce que tu vois ès mines, eau de vapeur sèche soufreuse, et de vapeur moite mercurielle se font tous métaux, car l'un et l'autre s'aiment et quèrent nature idoine à soi, c'est à savoir que nature poursuive nature et jamais autrement n'est fait engin de nature, ains même de l'art parce que l'un aime son compagnon ainsi comme femelle tracte mâle à soi se réjouissant quand et quand, ce que moult déduit vis clair et gravé en l'image de la qua-

---

[7] Il n'y a que le seul Mercure capable d'extraire le Soufre de nos métaux, et de ce Soufre et Mercure tous les métaux sont formés dans les entrailles de la terre, lorsqu'ils sont unis inséparablement.

trième figure, où j'avisais le jeune mercure[8] avec le caducée et les hideux serpents à l'environ de la verge d'Or que tenait en main icelui : car sans ce, n'aurais oncques connu l'hermétique ⚕ lequel composons par engin industrieux philosophal Soufre et Mercure métalliques dans la prime préparation ☿.

Avise donc d'entendre mes dits bonnement et sincèrement écrit envers toi, cher et aimé neveu, afin que ne failles mie, et que prie Dieu pour la salutation de mon âme, et qu'en use en la voie et équité de notre bon Dieu que prie dès maintenant te bailler santé de corps, d'entendement, d'intention et vouloir judical et droiture loyale de cœur.

Ayez ferme croyance que tout l'engin industriel gît dans la préparation du mercure philosophal[9], d'autant qu'en icelui est tout ce que nous quérons et quonques ont (quéri) les anciens sages et que nous n'avons moins qu'iceux de rien œuvré sans icelui préparer avec l'Or et l'Argent car fors lui rien n'est en

---

[8] L'hermétique Mercure composé par art est appelé jeune mercure, c'est l'union philosophique d'un Soufre immûr martial représenté par le casque, que ce jeune homme frappe avec sa verge entortillée de deux serpents, voulant marquer par là que ce premier Soufre et ce 1er Mercure ont la vertu dissolutrice sur les corps durs, ce mélange étant fait on a le X (creuset) des philosophes ou le Mercure fait par art, auquel on joint un autre Soufre métallique mûr pour être mis en poudre par cet agent, c'est le Veau d'Or de Moïse réduit en poudre, alors joignez le Vieux Mercure appelé Saturne, et il donnera des enfants bien aimés, et vous aurez uni 2 Soufres et 2 Mercures.

[9] ⚕ La manière de l'employer est le plus grand secret de l'art.

tout l'orbite mondain qui puisse faire ladite teinture philosophale et médicinale.

Adonc l'engin naturel est qu'apprenions à tirer d'icelui Or ou Argent la semence vive[10] et spirituelle qu'ont enclose en leurs viscères et entrailles, et d'icelle semence est la matière tant vantée par les sages en leurs écrits et livres qui disent que la matière de la teinture muante des métaux en Or est unique et seule et dissout tout vrai sans fallace ni tromperie ains ne disent mot à la préparer ; icelle gît donc en ces trois tant seulement et non ailleurs car en autres corps métalliques icelle n'est mie si bonne, et est viciée et gâtée, ains ici est monde, entière et sincère.

---

[10] Lorsque l'ancien mercure a extrait la semence de l'Or, et qu'il s'en est engrossé, il s'appelle mercure animé. En cet état de perfection, les Sages ont dit que c'était leur unique matière pour faire la Pierre des Philosophes, ou leur semence Androgyne.

14

Vise donc tant seulement à tel point que une chose ne donne point chose si n'en a point et par ainsi ne vise qu'au soleil ☉ et lune ainsi qu'au mercure fait par engin philosophal ♄ et gentement préparé qui ne mouille mie les mains, ains le métal qui est en soi âme métallique soufreuse (Mars), c'est à savoir lumière ignée et Soufre (Mars), afin que ne t'égare du droit chemin, vise en métaux et là est le susdit Soufre ☉ gentement préparé par Nature et vraiment quasi pareil à l'Or.

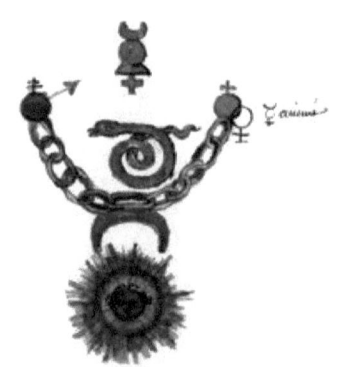

Le repéreras en les cavernes et profondités centrale de ce que feu (Fer) et qu'est airain (Or) presque mine plus mine l'un que l'autre, car l'un en Soufre cuit ♂ parfait par la Nature, et l'autre est notre ☉ philoso-phal ♂ et l'un n'est moins que l'autre pour notre œuvre et si es avisé, tel Soufre a pouvoir de teindre la moiteuse ci froide Lune (qu'est jeune Mercure) et argent fin en pur Soleil jaune et bon mais faut que se fasse par le médium spirituel (☿), c'est à savoir la Clef qui ouvre tout métal quete dirai maintenant ; avise donc quel minéral est un voleur qui mange tout fors l'Or et la Lune, que ce voleur rend bons car quand les a en son ventre, lors est bon à préparer le vif argent ainsi que dirai en son temps.

PRATIQUE

donc ne t'écarte du droit chemin et t'en rapporte à mes autres dits. En après œuvre a la pratique que vas te bailler au nom du Père et du Fils et du Saint Esprit Adorable Trinité Amen.

Aviseras en abord prendre l'aîné du prime fils enfant de Saturne qui n'est mie le vulgal 9 parts, du sabre calybé du dieu guerrier 4 parts. Fais iceux rougir en un creuset, quand sera rougi fondant jette les 9 de Saturne que je t'ai dit, dedans, lors celui-ci soudain mangera l'autre : nettoie bellement des ordures fécales venant à mont de la Saturnie avec salpêtre et tartre à quatre ou cinq reprises que sera bon quand verras un signe astral dessus le régule en mode d'étoile.

17

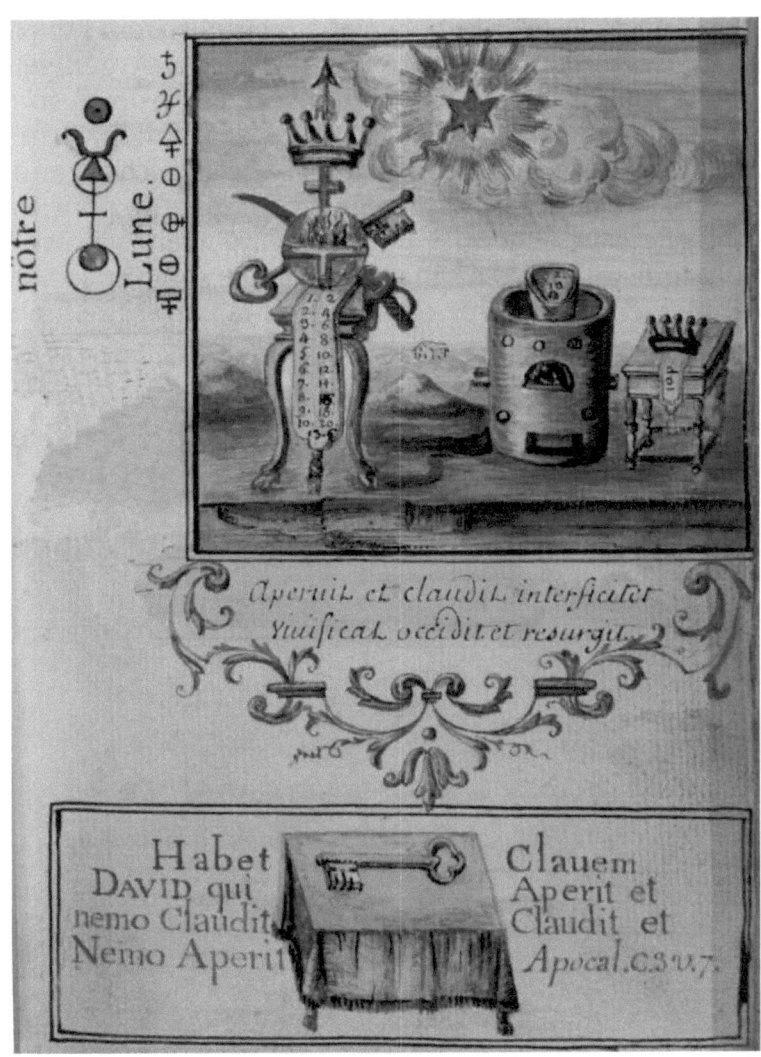

Adonc de l'or est faite la clef et coutellrie qui ouvre et incise tout métal voire surtout le Or, Argent et Vénus tous lesquels mange et dévore et garde en son ventre ; et as par icelui engin droit, chemin de vérité appert, si as œuvré ainsi qu'est métier, car icelui engin saturnal est l'herbe régale triomphante pour ce qu'icelle est l'Argent et petit Roi imparfait que promouvons au degré de moult de gloire et honneur et est mêmement la reine c'est à savoir la Lune et femme du Soleil.

Première opération du régule avec le Mars, le tout est appelé régule martial, notre Lune ou Saturnie.

Quand notre Lune est faite, on y ajoute l'Or, et c'est à la 2ᵉ opération.

Adonc est mâle et femelle et notre hermaphrodite qu'est Mercure ♂ et est icelle besogne en image au septième feuillet et prime du Juif Abraham qu'est à savoir deux serpents à l'environ d'une baguette d'Or, ainsi que verras en icelui livre que ai fait moi-même à ma fantaisie du mieux que ai pu te le figurer pour ta clairvoyance et document philosophal.

Avise donc d'en besogner bonne pourvoyance et munition car c'est métier d'en avoir moult, c'est à savoir 12 ou 13 livres voire même davantage selon que voudras œuvrer en moult opération.

Adonc marieras le jeune Mercure c'est a savoir Vif argent avec icelui qui est mercure philosophal (♄) saturnial, afin que par icelui on puisses donner vie et fortifier et acuiter le vif argent courant qu'est appelé jeune Mercure, par 7 fois, voire même 10 à 11, reprises avec le susdit Mercure philosophal, qu'est nommé Clef ou sabre d'acier, pour qu'icelui coupe incise et pénètre le corps des métaux, Soleil ou Lune, et quand auras telle maîtrise faite, lors auras l'eau double peinte en l'image du rosier du livre d'Abraham Juif, laquelle isse du pied d'un Chêne [11]c'est à savoir de notre saturnie régale, qui est la clef Royale, quand l'Or de la Nature est mêlé intimement avec l'or de mars (♂) volatil philosophal fait par maîtrise, alors

---

[11] La ♄ est le chêne cru et vert.

l'eau double va se précipiter comme le dit le Abraham en des abîmes, c'est à savoir dans réceptoire qu'est agencé au col de la retorte où tombe le susdit mercure double par art et engin d'un feu proportionné et idoine.

Mais se trouve ici épine anxieuse avec voire même impossible d'œuvrer si Dieu ne révèle le secret susdit, ou que maître ne te baille, car mercure ne se marie avec Saturnie régale sans une chose, qu'est cachée en engin à ruminer comme se fait et se laboure. Car si ne sais l'engin comme se fait ladite vaillance et paix envers le susdit vif argent, trouveras rien qui vaille. Adonc cher et aimé neveu, n'ai vouloir de te rien cacher ains te dire tout sans rien garder, et te montrer comme dois aviser à droit au fait et au point qu'est métier en cette maîtrise philosophale, adonc te dis que sans Soleil ou Lune, ni Mercure, ni Saturnie ne te sera mie profitable et ton ouvrage serai perdu.

Tu feras adonc manger à icelui notre vieillard ou loup vorace (♐) de l'or ou de l'argent en poids et mesure comme te dirai. Donne toute oreille à mes dits afin que n'erres mie et ne faille comme ai fait en icelle besogne. Comme est donc que faut bailler à manger de l'or à notre vieux dragon ? Avise droit en engin en naturelle raison, car si donnes un petit d'or à la Saturnie fuse, il est bien moult appert, mais vif argent ne prendra vie, voilà chose incongrue qui n'est mie profitable, et moi ai moult grandement labouré en tristesse avant de trouver droit engin à ce fait. Adonc si moult d'or lui bailles à dévorer, ne sera mie tant appert et dispos, mais prendra lors icelui vif argent et se marieront tous deux.

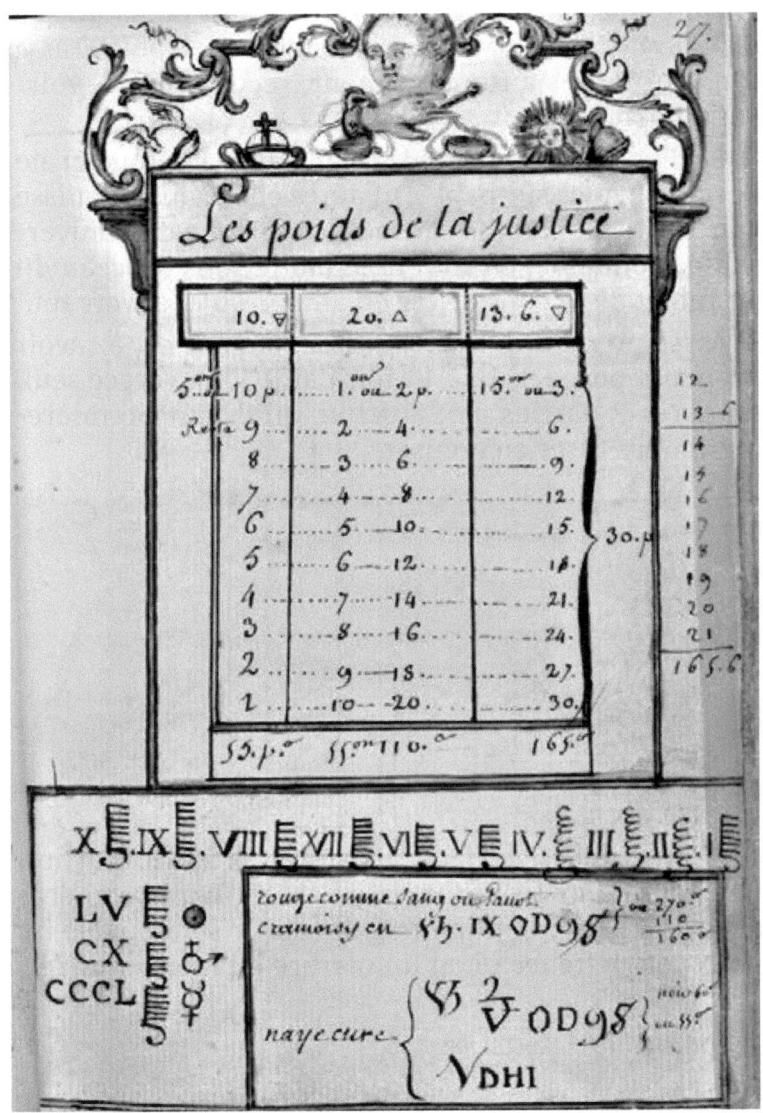

Note que faut œuvrer en tout selon poids que te dis à la dernière page, car sans cela ne laboureras à ton profit, ains à ton détriment, recorde de ce, voilà l'engin trouvé.

Scelles donc ledit secret, car icelui est tout et ne l'écris oncques sur papier ni autre chose que se puisse voir écrit, car serions cause du dommage de l'universalité mondaine. Or moi te le baille sous le sceau du secret, et de ta conscience en amour qu'ai envers toi.

Avise prendre dix parties d'or rouge, c'est à savoir fin net et purgé 9, 10 à 11 fois par le loup vorace seul, en après 2 parties de Saturnie, qu'il faut premièrement faire fuser en creuset.

Adonc icelle fuse, jette dedans alors les dix parties, faisant 5° d'or fin[12], fais fuser les deux et remueras avec un charbon enflammé, et ton Or sera ouvert un petit peu, jette icelui en un marbre ou mortier de fer,

---

[12] Ou dix onces, en comptant les parties d'une once chacune, afin d'avoir 16 onces de mercure d'or à la fin de l'opération, qui est aussi longue à faire pour 5 onces que pour 10.

pile en poudre avec (15°) ou 30 du jeune Mercure, que tu jettera dessus, broies les ensemble en y jetant un peu d'eau, et fais iceux prendre comme beurre ou fromage en agitant la matière quand et quand, l'autre et lavant avec l'eau claire vulgale tant que l'eau en sorte claire, et que la masse semble claire et blanche (ainsi feras-tu sur lune fuse).

Alors est faite conjonction d'iceux que t'ai dis, quand est donc à maintenant ainsi que beurre, prendras la masse que sécheras doucement avec toile ou drap fin. Voilà notre plomb et notre masse du Soleil et de la Lune non vulgals ainsi philosophaux, adonc mets icelui Plomb dans une bonne retorte de terre à creuset, moult mieux d'acier, puis en fourneau, et donne feu en allant petit à petit. Agence un réceptoire à la retorte demie pleine d'eau, comme est métier pendant deux heures, en après vigore ton feu tant que le mercure sorte dans le récipient dessusdit, et en icelui mercure[13] est l'eau du Rosier fleurissant, voire même le sang des innocents occis dans le livre du Juif Abraham, étant donc icelle eau l'eau, l'eau de l'Or de la Lune philosophale.

---

[13] Ce mercure est le sang des innocents qu'Hérode a fait égorger, desquels le Soleil et Mars sont les père et mère des ces enfants cachés dans la sphère de la Lune, ce sang ou mercure animé doit servir pour y baigner 10 fois le soleil et la lune, c'est-à-dire que la ☿ appelée la lune, renfermant le soleil et mars dans son sein, se baignera 10 fois ou 9 dans ce sang ou double mercure, qui est notre Roi tenant un sabre pour marquer sa vertu dissolvante, et après qu'il aura passé dix fois dans ce bain, alors on prendra une partie de ce sang qu'on renfermera dans un vaisseau pendant 42 jours ou environ, où notre Roi recevra une robe de pourpre, et sera pour lors assis sur un trône d'or ayant la couronne sur sa tête. On fera mourir ce Roi cruel en lui faisant avaler, ce même sang et en le mettant dans une prison. Après sa mort il ressuscitera sous l'apparence de la Lune et du Soleil, qu'on arrosera encore avec le même sang des innocents qu'on a réservé.

Adonc ayez en croyance qu'icelui mercure a mangé un petit du corps du Roi et qu'icelui aura déjà moult plus grande force de dissoudre l'autre ci-après, et icelui sera moult plus couvert du corps de la saturnie

Adonc as monté en l'échelle de l'art un degré ou échelon. Jà prends les fèces de la retorte, fais-les fuser en creuset à feu fort, injecte dedans 4 part de saturnie qui font 2 onces si tu a mis 1 once d'or.

Adonc est le soleil 9 infus en lesdites fèces moult plus appert que la prime fois. Et comme le jeune Mercure est déjà plus aigre qu'il n'était avant qu'il fut précipité dans les abîmes, icelui aura déjà rendu le Roi plus ouvert par sa morsure, et icelui cache d'avantage force et vigueur de scruter et pour ainsi dire le manger petit à petit, et à la fin il en emplira son ventre.

Ainsi donc cher Neveu l'engin de Nature et de Raison (☿), afin de monter par échelons à la plus haute partie de Philosophie qui est sur tout le cours de Nature et que n'eusses onc trouvé si ne te baille icelle maîtrise, adonc bénis le Seigneur de ce que m'a baillé vouloir envers toi, car sans ce eusses œuvré néant comme aucuns font avec dommage de moult pécune, infinies peines et labeurs, vigiles anxieuses et cures détrimenteuses. Fais donc de même que les primes fois[14], Marie avec le mercure sorti précipité dans l'abîme dessusdit qu'est notre Vinaigre fort en degré en broyant comme la prime fois, et lors se prendront comme beurre ou fromage, lave encore et relave en broyant et pilant tant que s'en isse toute la noirceur, remet ta pâte en boulette et sèche comme t'ai dit.

Mets tout en la retorte dessusdite et fais[15] encore ne plus ne moins tout comme viens de labourer deux heures à feu petit et idoine, en après fort et bon à pousser et faire sortir le double mercure dans le réceptoire, et auras encore le mercure moult davantage acué, et déjà seras monté au second degré de l'échelle Philosophale.

---

[14] En faisant de même que la première fois, il est certain qu'on ne doit point augmenter le poids de ♂.

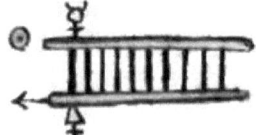

[15]　　　　　　　　　　Flamel répète ici à son neveu de faire comme il a déjà fait au 1ᵉʳ aigle en ne mettant la ☿ que petit à petit, et en se servant de la ♂ ni plus ni moins comme a ouvré au fourneau, jusqu'à ce que tu sois parvenu au 10ᵉ degré de l'échelle.

Fais encore et œuvre ainsi que viens de besogner en jetant fils saturnien en poids idoine, c'est-à-dire petit à petit et œuvrant avec cet engin (☿) ni plus ni moins comme as œuvré au commencement, tant que tu sois au dixième degré de l'échelle, et lors te reposes et est déjà le jeune Mercure igné, acuité, animé et engrossé pleinement de soufre mâle gras ayant vigueur de sel astral qui était en les plus profondes cavernes et viscères de l'Or et de notre dragon igné et de notre autre dragon saturnien, et tiens en croyance que t'écris chose laquelle nul Philosophe n'a oncques dit ni écrit.

C'est icelui l'émerveillable caducée de quoi sermonnent tous les sages en leurs livres, et affirment qu'icelui a pouvoir de faire tout seul l'œuvre philosophale, et leur dire est vrai comme ai avisé moi-même à œuvrer par icelui tout seul, et ainsi que pourras maîtriser si telle est ta fantaisie car icelui et non d'autre est la Nature proche et la racine de tout métal.

Avise qu'aies celui mercure et non autre liqueur

comme croient aucuns sots qui n'avisent mie qu'iceux métaux ne sont faits d'icelle liqueur, avise aussi que le susdit mercure, accommodé philosophiquement ainsi que t'ai dit fuse en liqueur l'Or et la l'Argent, d'autant que iceux sont fabriqués dans les boutiques de nature souterraine de pareille liqueur, c'est à savoir de Soufre et de Mercure conjoints et endurcis petit à petit, tant seulement par chaleur terrienne en l'espace de maints siècles.

Voilà qui t'ai appris toute la maîtrise du premier travail, garde la au fond de ton cœur et quoncques à autre que toi soit baillé le dit secret. Adonc en si complète la préparation du Mercure fait tranchant et apte à dissoudre dans sa nature l'Or et l'Argent afin de besogner naturellement et simplement à la teinture philosophale ou poudre muant tous métaux en soleil et lune qu'aucuns croient avoir maîtrise en entière quand ont ce Mercure célestiel propre[16], mais faillent grandement pour ce, trouvant déjà épine avant de colliger la rose faute d'entendement.

---

[16] C'est-à-dire que quand on a fait le Mercure animé, il y a deux voies pour pouvoir la faire. La première est la voie ordinaire et la plus secrète, de laquelle il dit que quand on a ce Mercure il se rencontre encore des épines si on veut cueillir cette Rose philosophique ; mais que si on entendait les poids et le régime du feu, on n'aurait plus à travailler ou à faire d'autres préparations du Mercure animé. Ainsi pour accomplir la voie Lunaire, il faut faire Rubéfier une partie du Mercure animé avec une chaleur douce ce qui est fait pendant 42 ou 43 jours, alors on a le serpent endormi qu'il faut marier avec du Mercure animé et faire avec feu de poule, l'autre voie dont il parle, se pratique en faisant le mariage avec de l'Or, et on cuit à une chaleur à tenir du plomb fondu.

Il est bien vrai que s'ils entendaient le poids et le régime du feu en engin droit, ils n'auraient iceux moult à besogner et ne pourraient faillir encore que le voudraient, mais en celui art est mode d'œuvrer par ainsi avise donc de labourer comme te dirai.

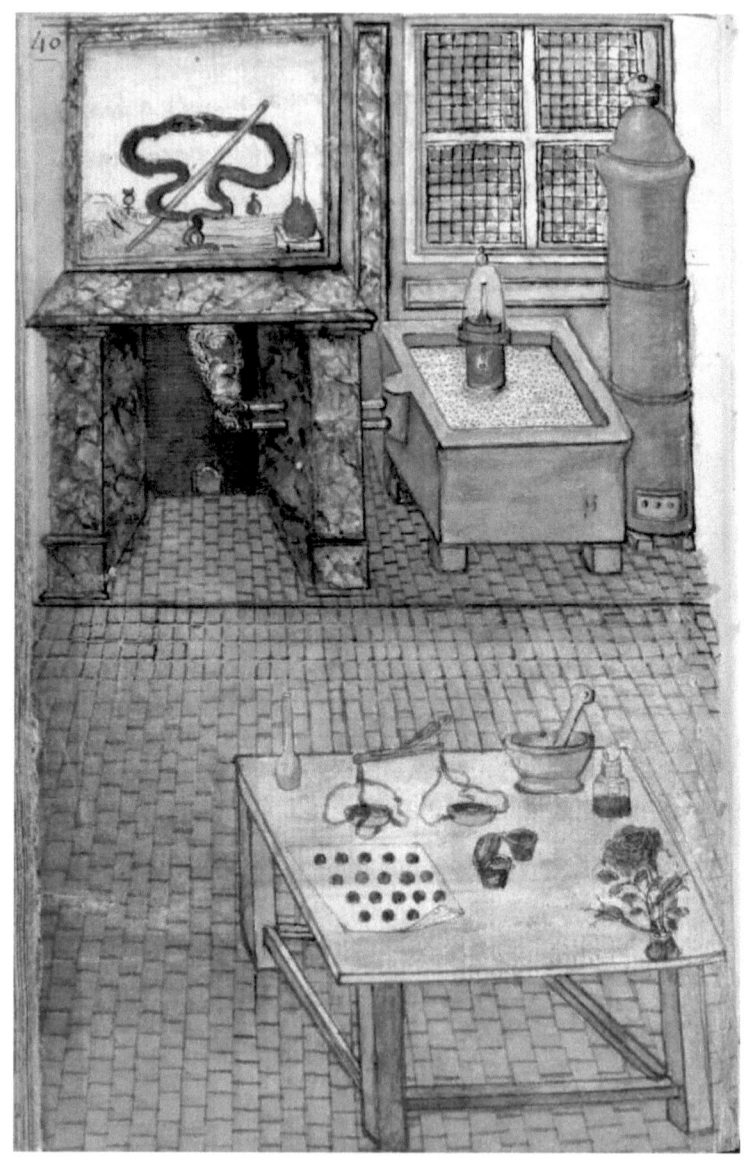

POUR FAIRE LE LATON DES SAGE
♏

donc au nom de Dieu prendras de ton mercure animé que auras vouloir à ton désir 2
ou 4 parts[17], icelui mettras en Fiole obtuse
tout seul ou avec deux de Saturnie solaire dont une
d'or et deux de saturnie, le tout finement conjoint
avec adresse comme beurre, lavé, nettoyé et séché.

Mets par au-dessus de bonne cire confite, c'est à
savoir du lut de sapience ; mets icelle confection en

---

[17] Il semble dise que quand on a pris les deux parts de Mercure animé, il faille prendre aussi 2 parts de saturnie composée d'une d'Or, et de broyer le tout dans un mortier, jusqu'à ce
que tout est en pâte, en ôtant la noirceur ; qu'alors ce Mercure
est prêt à mettre dans l'œuf, mais on voit que cette manière
est celle d'adjoindre l'Or au mercure animé pour la 2ᵉ voie.

fourneau sur cendres chaudes, à savoir ainsi que la poule couve ses oeufs. Laisse ledit mercure[18] ainsi approprié aller aval par aucuns jours, c'est à savoir en 40 ou 50 jours tant qu'aviseras s'engendrer en la fiole un soufre blanc ou rouge de sublimé philosophal, lequel sort des rayons dudit mercure.

Icelui colligeons avec une plume, et icelui est l'Or et l'Argent vivants que mercure enfante hors de soi[19].

Adonc prends d'iceux soufres blancs ou rouges, triture en mortier de verre ou de marbre en l'arrosant[20] de la tierce Partie de son poids du mercure d'où icelui a été tiré[21], fais de tous deux une pâte ainsi que

---

[18] Le Mercure ne se sublime qu'après que le ferment a réduit l'humidité froide du Mercure à son tempérament chaud, et que cette humidité est absorbée par le Soufre ; alors tout devient noir, et la sublimation commence pendant la noirceur qui dure 40 ou 50 jours.

[19] C'est-à-dire par sublimation, lequel sublimé se sépare et se coagule au haut du vaisseau, il s'agit de savoir si tout le Mercure se convertit en Soufre, c'est ce qu'on verra au bout de 50 jours.

[20] Si on a 3 onces de poudre ou Laton, on l'arrosera d'une once de Mercure animé.

[21] Il semble que Flamel veuille dire qu'il reste du Mercure liquide dans le fond de l'œuf, lequel il faut mêler avec celui qui s'est sublimé, qui est soufre blanc ou rouge, ce que je ne crois

beurre, remets icelle mixtion en fiole ovale sur fourneau à feu idoine de cendres, doux et approprie avec
engin philosophal, cuis tant que ledit mercure soit
tourné et mué en soufre, et durant icelle coction aviseras en ton vaisseau choses étonnantes, c'est à savoir
toutes les couleurs qui sont au monde, ce que ne
pourras aviser sans élever ton cœur à Dieu en grâce
d'un si haut don.

Adonc quand seras au rouge pourpre, le cueilleras,
car alors c'est faite la poudre alchimique muant tout
métal en or fin pur et net, que pourras multiplier en
arrosant, ainsi qu'as fait en broyant avec nouveau
mercure[22], cuisant en même vaisseau, même fourneau, même feu, et sera mie tant moult plus court et
sa force dix fois plus forte.

Voilà la maîtrise pleine au seul mercure qu'aucuns
croient non vraie, pour ce que sont iceux imbéciles
et sourds, et que ne sont mie appris à engendrer telle
besogne.

---

pas, car je pense que tout le mercure doit se sublimer. Il y a un
auteur qui dit qu'il ne faut pas mêler les résidences du fond du
vaisseau avec la partie sublimée.

[22] Il semble qu'après avoir mis dans l'œuf du mercure animé
après 40 ou 50 jours de coction, il s'engendre un sublimé philosophal dans le vaisseau, lequel se sépare du mercure d'où il
sort pour s'attacher au sommet en couleur blanche et rouge,
c'est-à-dire blanche d'abord, et rouge par le fréquent arro-
sement de son mercure qui reste liquide au fond ; et enfin le
soufre blanc devient rouge. On prend alors du nouveau mercure pour le multiplier, comme Flamel le dit ci-dessus, et à la
dernière il averti d'arroser avec le mercure d'où le soufre est
sorti (voir note 19).

Si as désir d'œuvrer par autre chemin, prends or fin trois parties en poudre fine ou en feuillets moult bien déliés, fais d'icelui ainsi que pâte avec 7 parts de ton mercure philosophal qui est notre lune ; mets iceux tous deux en fiole ovale, et fourneau, le vaisseau moult bien obtus et engencé à feu moult fort, c'est à savoir comme à tenir feu de plomb sans s'asseoir et se coaguler, car lors est trouvé engin droit de régime de feu, et ton mercure qu'est vent philosophal monte et dévale en bas sur le corps de l'or que mange petit a petit et que porte en son ventre.

Cuis tant que l'or et le mercure ne montent et ne descendent plus, et que demeurent tous deux cois et déjà sera fait paix et accord entre les deux dragons qui sont feu et eau tout ensemble. Lors avises en ton vaisseau fasse noire ainsi que poix fondue qui est marque de mort, et pourriture de l'or et la clef de toute la maîtrise. Adonc fais iceux ressusciter et régénérer en cuisant 40 jours, et ne t'ennuie mie ; lors se feront mutations diverses. C'est à savoir couleur noire, Saturne, cendrée, Jupiter, verte, Vénus, blanche, Lune, orangée, Mars, et en terme fini, un rouge comme sang ou pavot cramoisi. N'aie cure que d'icelle dernière, car d'icelle le vrai soufre est fini, et tu possèdes la poudre d'alchimie, ne te dirai au juste le temps, car icelui y dure selon l'engin de l'ouvrier, mais ne pourras faillir en besognant ce que je te baille.

MULTIPLICATION

vise donc que si as désir de multiplier la poudre. Prends d'icelle une part, et l'arrose de deux parts de ton mercure animé, cuis comme tu as fait en fioles après avoir fait d'iceux pâte molle et douce, même fourneau, même feu, et lors en plus petit de temps sera fait le deuxième tour de la roue philosophale, alors la poudre est vigorée de dix fois plus fort que n'était la prime naissance d'icelle.

Fais encore icelle tourner voire même tant que tu voudras et sera alors achevé le trésor déjà sans prix qu'est sur tout le monde entier le meilleur qui ne puis déjà désirer ici-bas.

Car as santé et richesses si en uses comme est métier.

Adonc as le trésor de toute la félicite mondaine que moi pauvre rural de Pontoise ai faite et maîtrisée par trois reprises en ma maison rue des Écrivains tout proche la chapelle St-jacques-de-la-Boucherie et que moi Nicolas Flamel te baille pour l'amour qu'ai pour toi en l'honneur de Dieu pour sa Gloire et louange du Père Fils et Saint Esprit et sacrée Trinité, que je prie dès maintenant de t'illuminer et te vouloir conduire dans le chemin de vérité et de lumière, ainsi que dans la voie du salut. Ainsi soit-il.

DU LEVAIN

Aviseras déjà bonne mode d'œuvrer, c'est à savoir afin de faire lever la pâte philosophale et œuvrer à force pour l'augmenter par levain idoine et philosophal. Adonc prendras trois[23] parts d'or fin en poudre, six parts de mercure animé avec une part et demi de soufre rouge, maries ces ingrédients et iceux broyant en mortier de verre tout ainsi que beurre ou fromage, mets icelle confection en condamptore ou fiole étoupée a feu de chaleur de poule. Et cuisant ne t'ennuie, et lors verras chose émerveillable de quoi humain

---

[23] 3 parts d'Or fin en poudre.
    6 parts de mercure animé
    1 part 1/2 de poudre rouge.

entendement reste coi et ne peut mie arguer tant est beau l'ouvrage de nature et d'icelle les mutations qui se font voir en toutes couleurs qui éblouissent par leur vif appareil et effacent les yeux de l'ouvrier si fort que n'est mie rien en icelui monde que fasse pareille chose, adonc à temps congrual aviseras ton vaisseau qu'aura poudre rouge vive de couleur sanguine ainsi que pourpre.

Lors est complet l'art d'alchimie philosophale, voire le miracle moult grand voire non croyable. Ne t'avise mie de dire qu'as ce trésor mondain, et sachez qu'icelui guérit toutes les maladies quelconques, voire toute infirmité que ne peuvent mie guérir nuls médecins fors le médecin philosophal. Adonc mue tout métal étant fusé en creuset par injonction d'icelui même sur un mercure bouillant, en or fin pur et net et coloré à tout jugement des hommes, du feu, voire même du plomb et loup vorace qui est un voleur qu'emporte tout fors icelui, mais encore mieux, mue cailloux en rubis fins et cristal de minière ou roche.

POUR AVOIR LES FRUITS DU PRINTEMPS EN HIVER

Et donc fais encore autre chose, c'est à savoir que si as désir d'avoir fleurs et fruits en froidure d'hiver, fais dissoudre 6 grains de ladite poudre rouge en sortant du vaisseau en 10 pintes d'eau de rosée tiède et en arrose tel arbre grand ou fleur que voudras en les entrant dans ta maison, ou iceux couvrant de paille ou de foin, et tu verras en un petit de temps une soudaine et émerveillable végétation et croissance dont moult ébahi seras.

MANIÈRE D'USER DE LA MÉDECINE

à afin de t'avertir comme il faut user d'icelle médecine pour ta santé du corps, et mémoire, aie cure au sortir de la fiole c'est à savoir quand icelle est purpurine, d'en mettre fuser, c'est à savoir dissoudre, en vin blanc ou eau-de-vie aucuns grains, tant que le vin soit teint, seulement doré, car est la marque juste, lors ne crains mie d'en bailler au malade 12 ou 15 gouttes en vin, bouillon ou autre liqueur, et seront lors guéris comme par miracle.

Mais ne te vante jamais de l'avoir fait car sont les hommes méchants et envieux quand ne peuvent mie œuvrer ce que autres œuvrent.

Adonc afin que sois toi en santé quotidienne, prends d'icelle fuse dorée, 9 gouttes en quatre temps de l'année, c'est à savoir le 22 mars, le 22 juin, le 22 septembre et le 22 décembre, en telle liqueur que voudras, et en usant comme te dis n'auras oncques infirmités et jouiras d'une vie heureuse, pleine de santé et de richesses, voire seras maître de toute la Nature, car auras plus que princes et rois de pierres précieuses, d'or et d'argent.

COMMENT SE FAIT LA POUDRE DE PROJECTION AVEC L'ÉLIXIR

n icelui mode. Fais fuser en creuset 10 onces d'or fin, injecte dessus une once de poudre rouge, laisse iceux en feu moult fort par deux heures, lors tire le creuset, laisse refroidir, casse icelui, et aviseras au fond un verre rouge qui est or exaucé et poudre sincère et royale, muante tous métaux en or pur meilleur qu'icelui qu'est trouvé en minières.

Adonc as pouvoir de faire maintes fortunes ce que ne peuvent faire les Rois sans requérir des autres. Avise donc, cher neveu, de faire comme ai fait, à savoir soulager les pauvres nos frères en Dieu, a décorer les temples de notre Rédempteur, à faire sortir des prisons maints captifs détenus pour argent, et bon et loyal usage qu'en feras te conduira au chemin de gloire et du salut éternel au séjour de Dieu, que je, Nicolas Flamel te souhaite au nom du Père Éternel, Fils Rédempteur et Saint Esprit Illuminateur, Sainte sacrée et adorable Trinité Amen.

Note de broyer verre rouge et de mettre en fiole en boîte close et quand voudras faire bon or de plomb, étain, airain, argent et mercure, fais iceux fuser en creuset et les y purge fors la lune et le mercure que soit tant seulement fumant, lors injecte sur eux, c'est à savoir, 30 ou 40 livres de ce mercure ou autre que j'ai dit, 5 ou 6 grains de poudre multipliée et enveloppée en de la cire, et soudain ébahi seras de les trouver mués en or, les fèces sortent à part des susdits métaux, les passeras à la cendrée (coupelle), et si l'Or était trop rouge et froissable en poudre, fais fuser de l'argent et jette dessus rouge la masse muée, ou si as désir, marie avec mercure et passe tout à la cendrée, et saturne, jupiter, mars, soleil, mercure, lune seront fin, doux, coloré comme est métier. Ressouviens-toi de rendre grâces à Dieu.

Voilà toute la maîtrise sans manquer mot que te baille mon tant cher et aimé neveu de ma tant chère femme Perrenelle à Dieu sois béni Amen.

Note que la prime imbibition d'icelle poudre rouge une part mue cent parts.

Une de la seconde mue 1000, une de la troisième dix mille, de la quatrième cent mille et toujours de plus en plus fort, chose que ne pourras mie comprendre si ne l'avises de tes yeux.

Adonc si tu prends désir de faire moult d'or, cher neveu, ce que ne faudrait pourtant mie, pour ce que peut en advenir incongruité dommageable, mets cent mille onces de vif argent en grand chaudronnière de fer à feu fort, et quand sera chaud que fumera, jà aie une once de poudre cramoisine de la quatrième imbibition, inclus icelle en cire comme boulette, jette icelle sur ledit vif argent fumant et icelui sera arrêté soudain : Vigore le feu et lors sera mué, partie en masse et partie en poudre d'or jaune que fuseras en creuset et feras masse ou lingot et auras de tout icelui mercure à l'environ de 99 710 onces d'or pur au dernier fin, dont useras comme aviseras être bon.

Te voilà cher neveu moult plus riche que tous les Rois, car iceux et qu'oncques ne peuvent mie avoir en tout royaume mondain, mais fais Or que petit à petit, c'est à savoir en prudence sans dire mot et ne te fie mie aux autres.

Adonc voilà que te baille tout, c'est à savoir le trésor de tous les trésors de celui monde, qu'ai possédé et fait de mes propres mains avec ma tant chère et bien aimée compagne Perrenelle.

Adonc use de icelui trésor, au nom du Père, du Fils et du saint Esprit, et prie iceux de te bénir, c'est afin que vives sans cure, riche en icelui monde et qu'aies palme de gloire au Royaume de Dieu que je te souhaite Amen.

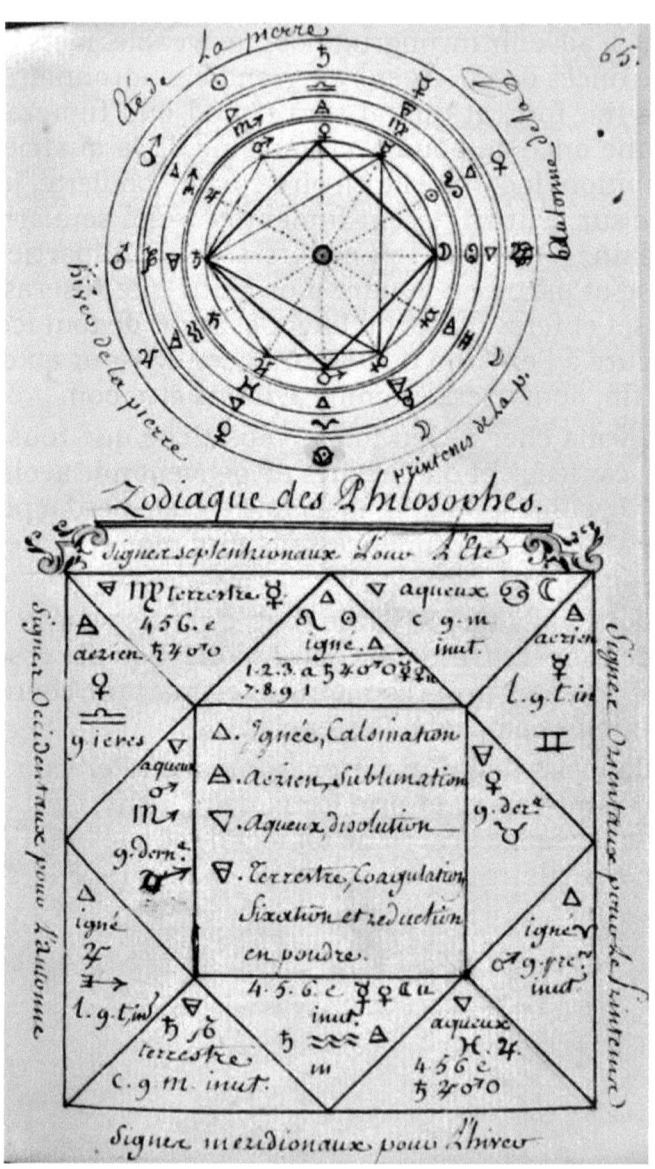

47

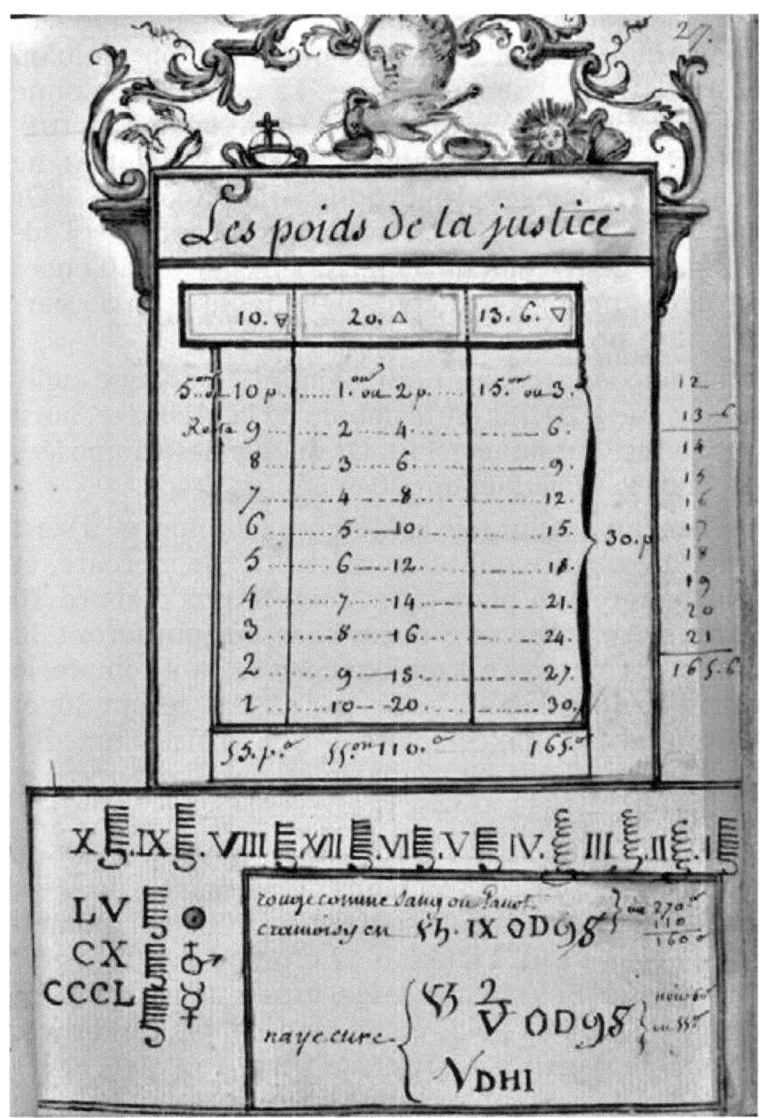

Cette manière de compter de Flamel est une clef pour trouver dans l'addition la quantité d'onces qu'on doit mettre de chaque matière. La première colonne finit par 10, qui est la quantité d'Or qu'on doit mettre. L'addition de cette colonne, ainsi que les 2 autres, ne démontrent que les proportions. Ainsi 10 parties d'Or composées d'une once chacune font 10 onces, et l'addition de cette colonne où il fait voir que les 10 onces perdent une once à chaque aigle, montant à 55 parties ou la première proportion.

La deuxième colonne, où il ajoute 2 à chaque aigle, se termine à 20 qui est le double de la première, ainsi que le résultat qui est 110. Or dix parties composées de 2 onces, chacune font 20 onces.

Flamel n'a point mis le Mercure en colonne, il s'est contenté de dire qu'il faut mettre 12 de mercure, et pour suivre son plan, nous compterons d'abord 10 parties composée de 3 onces chacune, qui feront 30 onces, et comme c'est toujours par 10 qu'il compte, le calcul de 10 onces à 3 onces par dizaine feront 30, et le résultat 165, qui est la proportion, mais comme il a dit 12 parties, cela fera 2 dixièmes, qui font 2 onces et 4 gros, ou 2 gros ajouté à 165.

Qu'on se souvienne après que le Soufre est fait de le joindre le tiers de son poids du mercure d'où il est sorti. Par exemple, si le soufre pesait 3 gros, on mettra un gros d'eau, s'il pesait 12 gros, on mettra 4 gros de mercure. Si le soufre pèse 6 gros, on mettra 2 gros d'eau, et quelque poids qu'on mette, il faut les broyer ensemble dans un mortier de verre très net, et les remettre dans l'œuf au même degré.

NOTES

Aigles

renez de l'or fin de ducat ou de celui qui a passé par l'antimoine, et du régule étoilé de chacun parties égales (de chacun une once). Fondez-les ensemble, puis jetez en un lingot, et vous aurez une matière friable de couleur de Plomb, qu'il faut pulvériser très subtilement, puis l'amalgamer avec 6 onces de mercure très pur, dans un mortier de marbre, qu'on aura fait chauffer dans de l'eau bouillante, avec un pilon de fer si chaud qu'à grand peine on puisse le manier sans linge. Broyez puissamment l'espace d'un quart d'heure y ajoutant à la fin une pincée de sel armoniac pulvérisé, qu'on broiera encore avec l'amalgame.

Lorsque tout sera bien amalgamé, arrosez l'amalgame d'un peu d'eau commune, autant qu'il en faut pour l'humecter. Alors la matière deviendra fort noire et puante, c'est pourquoi il la faut laver avec plusieurs eaux, broyant, lavant et versant l'eau, si souvent qu'il n'y apparaisse que très peu de noirceur. Ensuite mettez cette amalgame dans une cucurbite après l'avoir bien desséché, puis couvrez-la d'une autre cucurbite, lutant les jointures, et la mettez en digestion durant 4 heures. Pendant ce temps, faites chauffer votre mortier de marbre et votre pilon de fer ; puis tirez votre amalgame de la cucurbite, et le broyez derechef en y ajoutant comme dessus un peu de sel armoniac. Ensuite lavez comme ci-devant et le desséchez. Remettez-le encore en digestion comme le première fois. Réitérez ce travail si souvent que votre amalgame devienne aussi blanc que de l'argent de coupelle. Cela fait distillez votre amalgame par la cornue[24], dans un récipient à demi plein d'eau, au feu de sable avec un feu de flamme, luttant bien les jointure. Et votre mercure passera dans le récipient, laissant au fond l'or en bouton avec l'étoile de mars.

Prenez ce sol étoilé et lui ajoutez une demi once de régule étoilé, en les refondant ensemble. Puis amalgamez avec le mercure qui sera dans le récipient, après l'avoir bien lavé et desséché. Procédez y comme devant, broyant et lavant, après y avoir ajouté du sel armoniac, puis digérant dans la cucurbite et rebroyant tout de même que la première fois.

Il faut réitérer par 7 fois au moins cet amalgame avec l'addition de demi once de régule étoilé, les lotions, digestions et distillation ci-dessus enseignées, et alors le mercure sera parfaitement purifié de ses immondices et suffisamment imprégné du soufre invisible de Mars, pour pouvoir dissoudre radicalement le corps de l'or, pourvu qu'en cette dernière distillation le mercure apparaisse sans aucune lividité ; car s'il y avait quelque chose de cette nature, il faudrait encore réitérer cet ouvrage, qui est tout ce qu'il

---

[24] Il faudra avec de la craie blanche faire une bouillie avec de l'eau et en frotter avec un plumeau ou le bout d'une plume le dedans de la cornue de l'épaisseur d'une ligne, là laissez bien sécher. Cela empêchera que le régule régal ne s'attachera pas au feu.

y a de difficile et d'ennuyeux, le reste n'étant qu'un ouvrage de femme et un jeu d'enfant.

Chapitre 3

a 3ᵉ opération de l'artiste consistera en la conjonction du mercure avec l'or, et cette conjonction se fait en deux manière. La première se fait avec le mercure philosophique ci-devant décrit, et l'or vulgaire passé par 3 fois avec l'antimoine. L'autre se fait avec l'or philosophique. Nous commencerons par cette dernière, et par la suite nous décrirons la première autant exactement qu'il nous sera possible.

Cette dernière que notre auteur ne décrit pas, mais qu'il estime incomparablement plus que l'autre, parce que l'élixir se parfait en moins de temps et avec cent fois plus de vertu, si on la met en pratique, celle-ci dis-je se fait ainsi.

L'on prend 10 partie de mercure philosophique et une de cet or qui reste au fond de la cornue après la dernière distillation du mercure philosophique. On les amalgame ensemble, puis on les distille par la cornue, réitérant cet amalgame et distillation jusqu'à dix fois. Et par ce moyen l'or devient fusible à la moindre chaleur, et prend une disposition à se mercurifier si visible qu'il s'en élève déjà une partie par la distillation, qui dore la cornue et le récipient, et qui s'unit avec le mercure, et le reste étant amalgamé avec le triple de son mercure philosophique fait le mariage parfait du mâle et de la femelle des Philosophes, ne restant plus que la longue coction dans l'œuf, pour amener l'élixir à sa perfection. C'est un travail un peu pénible, mais qui récompense l'artiste de beaucoup, par l'abréviation de la coction et par la vertu multiplicative, non seulement de l'élixir, mais aussi du mercure philosophique qu'on emploie à la suite pour multiplier le magistère en quantité et en qualité.

L'autre manière qui est la plus ordinaire et que Philalèthe désigne aussi bien que les autres se fait ainsi.

Mariage avec l'or

Prenez une once d'or de ducat et 3 onces de régule étoilé, faites-les fondre ensemble dans un creuset et les laissez si longtemps en fusion que tout le régule soit évaporé. Réitérez cette fusion d'or et de régule par 3 fois. Cela fait vous aurez votre or purgé au suprême degré. Prenez de cet or une demie once et 2 onces de mercure philosophique, mettez-les dans un mortier de marbre que vous aurez fait chauffé dans de l'eau bouillante et les broyez avec un pilon de bois, de verre ou d'ivoire bien chaud, jusqu'à ce qu'ils soient parfaitement bien amalgamés. Mettez sécher votre amalgame, de sorte qu'il n'y reste aucune humidité aqueuse, puis l'enfermez dans l'œuf et le scellez hermétiquement pour le mettre dans l'athanor et pour cuire et digérer comme il sera dit.

Dernière remarque sur les poids de Flamel conformes à ceux des autres Philosophes

(du 16 mai 1762)

l est sûr que Flamel a mis 10 parties de terre solaire avec 20 parties de saturnie (régule martial), et 30 partie d'eau mercurielle. Mais chacune de ses parties est composées de 5 ½, ainsi à l'égard des 10 partie de terre 10 fois 5 ½ font 55 parties. Il est donc évident que chaque unité du soleil terrestre est composée de 5 ½ soit que dans ce temps là la livre fut de moindre valeur qu'aujourd'hui ainsi que les onces.

Quand aux 20 parties de l'air ou saturnie, chaque unité étant composée de 5 ½, les deux unités étant ensemble forment 11 parties, ainsi cette dizaine sera double, composée de 5 ½ chacune, et ces deux unités jointes ensemble ont été combinées et jugées nécessaire pour vaincre une seule partie de la terre qui est un corps très dur. Ainsi 10 unité de 2 feront 110 parties. Quand aux 10 parties de l'eau elles sont triples, chaque partie de dizaine compose une quantité de 3 fois 5 ½, ou une réunion de nombre qui vaudra 16 ½ par dizaine. Les 10 conséquemment feront 16 ½ ou 30 partie de 5 ½ chacune, ce qui revient aux poids de Philalèthe et de Riplée ; c'est-à-dire que sur une partie d'or on mettra 2 de lune (saturnie) et 3 d'eau (mercure).

Chacune de ces 3 colonne est une proportion de ce qu'il faut à chaque poids. Si l'on ne met qu'une partie d'or, il faut 2 de saturnie et 3 d'eau.

1	2	3
2	4	6
3	6	9
4	8	12
5	10	15
6	12	18
7	14	21
8	16	24
9	18	27
10	20	30
55	110	165 Total

Poids par méthode tirés de Riplée
commenté par Philalèthe

omeus... pour lors la proportion du poids des matières où entre les principes sera d'une partie du mâle rouge (l'or) contre 3 partie de la femelle (saturnie 2, mercure 1) blanche, qui composeront 1 once ½ ou 12 gros et la totalité sera de 2 once. [4 gros d'or, 8 gros de saturnie, 4 gros de mercure = 16 gros ou 2 onces].

Pour lors par rapport à la terre qui est l'or la proportion de l'eau (saturnie et mercure) sera triple. Ainsi pour 2 onces de terre (l'or), il faudra 6 onces d'eau, savoir 4 de saturnie régale et 2 de mercure, et le tout composera 8 onces.

Exemple :
Mâle, Terre solaire :
2 onces de terre ou mâle faisant 4 parts ou 16 g.
Femelle, Saturnie :
4 once de Lune femelle faisant 8 part ou 32 g.
Mercure :
2 onces d'Eau femelle faisant 4 part ou 16 g.
Total :
8 onces 16 parts ou 64 g.

Cependant une proportion d'égalité entre l'eau et la terre vaut encore mieux.

Il faut remarquer ici qu'actuellement en parlant de l'eau il ne parle que du mercure en la comparant à la terre ou l'or, et laisse là la saturnie qui quoique femelle mercurielle est notre Lune. Ainsi la terre et l'eau sont suivant l'auteur en égale proportion d'or et de mercure, cependant comme il le dit ailleurs un peu plus d'eau dans la proportion comme de 10 à 12, qui est un cinquième de plus pour les 2 d'augmentation, ainsi suivant le dernier axiome, pour 10 onces du mâle ou or, on mettra 10 onces de femelle ou mercure plus 2 3 onces 6 g., alors à le prendre de ce sens là on doublera ces 2 quantités pour le dissolvant qui est une femelle saturnienne, soit 20 de saturnie. Sur le pieds établi comme de l'autre côté suivant Romeus, prenant 4 gros pour une partie, et sachant bien distinguer nos deux femelles appelées eau mercurielle, et notre mâle qui est notre or ou terre, il ne sera plus difficile d'accorder les poids de ce Philosophe à ceux de tous les autres, qui disent unanimement qu'il faut mettre trois de femelle (2 de saturnie et une de mercure) contre une de mâle ou d'or. C'est-à-dire autant d'or que de mercure (un peu plus), et le double de saturnie que de terre ou d'or. Car la terre est la règle de la composition des 2 femelles, l'une étant aussi double que l'autre comme suit : 1 d'or (terre) ou mâle, le double de saturnie soit 2, et poids égal de mercure que d'or, ou la moitié du poids de la saturnie (l'autre femelle) soit 1.

C'est-à-dire que la saturnie est double de l'or et double du mercure, et que la somme de 2 est égale à celle de l'or et du mercure, il faut cependant un cinquième de plus de mercure.

Exemple :

10 onces de terre ou d'or = 20 parts ou 80 g de mâle

20 onces de saturnie femelle = 40 parts ou 160 gros

16 onces 6 g d'eau ou mercure femelle = 27 parts ½ ou 110 g.

Soit 87 parts ½ ou 350 gros en tout.

Pour donner 10 aigles ou 7 il faut diviser il faut diviser la saturnie en autant de parties comme l'on veut donner d'aigles suivant le nombre qu'on prendra d'or on trouvera à la table la quantité de saturnie dans la même ligne de l'or qu'on aura pris.

Or 10	Saturnie 20	Mercure 14
9	18	15
8	16	16
7	14	17
6	12	18
5	10	19
4	8	20
3	6	21
2	4	22
1	2	23

Table des matières